초등학생의 진로와 직업 탐색을 위한
잡프러포즈 시리즈 30

사육사는 어때?

차례

CHAPTER 01
사육사 김호진의 프러포즈

- 😊 사육사 김호진의 프러포즈 ⋯ 10

CHAPTER 02
사육사는 누구인가요?

- 😊 사육사는 누구인가요? ⋯ 15
- 😊 동물을 먹이고, 건강하게 돌보는 일을 해요 ⋯ 17
- 😊 담당하는 동물의 시설물 점검은 매일 꼼꼼하게 해요 ⋯ 18
- 😊 동물들의 긍정 강화 훈련을 해요 ⋯ 19
- 😊 생태설명회를 진행하고 사육사 노트를 작성해요 ⋯ 20

CHAPTER 03
사육사가 되려면

- 😊 동물을 좋아하거나 관심이 있거나 ⋯ 25
- 😊 세심한 관찰력과 체력은 기본 ⋯ 26
- 😊 동물을 돌보는 경험을 해봐요 ⋯ 27
- 😊 동물 관련 전공을 하면 좋아요 ⋯ 28
- 😊 영어 공부는 열심히 ⋯ 29
- 😊 채용정보를 확인하고 지원하기 ⋯ 30

CHAPTER 04 사육사가 되면

- ☺ 선배를 따라 배우고 익혀요 … 35
- ☺ 업무 분장에 따라 맡은 책임을 다해요 … 36
- ☺ 담당하는 동물이 바뀔 수도 있어요 … 38
- ☺ 어느 동물사나 숙련 기간이 필요해요 … 39
- ☺ 사람의 입장이 아니라 동물의 입장에서 생각해요 … 40
- ☺ 각각의 동물에 맞는 사육 방법을 터득해요 … 42
- ☺ 오물을 청소하는 것도 사육사의 할 일 … 43
- ☺ 주말 근무는 필수 … 44
- ☺ 2인 1조로 일해요 … 45

CHAPTER 05 동물원 이야기

- ☺ 동물원의 역사는? … 49
- ☺ 동물원의 주인은 누구일까요? … 50
- ☺ 종 보전 활동도 하는 동물원 … 51
- ☺ 동물원도 국제적인 인증제도가 있어요 … 52
- ☺ 미래의 동물원은 어떤 모습일까요? … 53

CHAPTER 06 사육사의 매력

- 😊 예쁜 친구들의 위로를 받는 기쁨 ⋯ 57
- 😊 동물이 평소에 잘 지내는 것이 사육사의 보람 ⋯ 58
- 😊 남방큰돌고래를 고향으로 돌려보냈던 특별한 경험 ⋯ 60

CHAPTER 07 사육사의 마음가짐

- 😊 마음을 놓으면 다칠 수 있어요 ⋯ 65
- 😊 동물만 생각하는 것도 직업병 ⋯ 66
- 😊 운동으로 체력관리하고 스트레스도 풀어요 ⋯ 67

CHAPTER 08 사육사 김호진을 소개합니다

- 😊 동물을 좋아했던 어린 호진이 ⋯ 71
- 😊 더 좋은 사육사가 되기 위해 자기 계발에 힘을 쏟아요 ⋯ 72
- 😊 멘토링 활동도 열심히 ⋯ 73
- 😊 돌고래들과 쌓은 추억은 잊을 수가 없어요 ⋯ 74
- 😊 이별의 순간은 항상 힘들어요 ⋯ 76
- 😊 동물과 함께 하는 삶을 꿈꿔요 ⋯ 77

CHAPTER 09 — 10문 10답 Q&A

- Q1. 동물은 사육사를 어떻게 대하나요? … 81
- Q2. 동물원 동물과 야생 동물은 어떤 차이가 있나요? … 83
- Q3. 동물과 소통하는 노하우는 뭔가요? … 84
- Q4. 동물이 아픈 걸 어떻게 알아채나요? … 85
- Q5. 관람객이 하지 말아야 할 행동이 있다면? … 86
- Q6. 사육사의 연봉은 얼마인가요? … 87
- Q7. 아쿠아리스트도 사육사인가요? … 88
- Q8. 외국 동물원과 국내 동물원의 차이가 있나요? … 90
- Q9. 외국의 사육사와 다른 점이 있다면? … 91
- Q10. 사육사나 동물원을 잘 표현한 영화를 추천한다면? … 92

CHAPTER 10 — 사육사의 동물 수첩

- 사육사의 동물 수첩 … 95

CHAPTER 11 — 나도 사육사

- 나도 사육사 … 113

사육사 김호진의 프러포즈

안녕하세요, 어린이 여러분!

서울대공원 동물원 동물복지1과에서 동물들과 생활하고 있는 김호진 사육사입니다.

어릴 때 집에서 동물들을 여러 마리 키웠는데요. 아침마다 저는 십자매의 울음소리를 듣고 일어났어요. 집안에 새소리가 난다는 자체가 신선하고 기분 좋은 일이었죠. 어항의 물소리, 토끼의 당근 갉아먹는 소리, 강아지의 짖는 소리를 들으며 행복했어요. 현재 사육사로 일할 수 있는 것도 어릴 때 함께했던 동물 친구들 덕분이라고 생각해요.

여러분에게 동물은 어떤 존재인가요? 내가 기분 좋을 때만 함께 놀고 싶고, 시간 날 때만 챙겨주고 싶은 존재인가요? 그런데 동물 친구들은 항상 여러분과 함께하고 싶고, 여러분을 기다리고 있답니다. 멘토링이나 강의를 할 때 항상 하는 말이 있어요. 동물 친구들이 집에서 기다려줄 때 더 잘해주고, 더 많이 놀아주라고요. 저에게는 어릴 때부터 12년 동안 키운 강아지가 있었어요. 하지만 그때는 몰랐죠. 강아지가 언젠가는 제 곁을 떠날 수 있다는 것을요. 뭐 그렇게 대단한 걸 한다고 더 놀아주지 못하고, 더 안아주지 못했는지 후회돼요.

우리는 직업을 통해 하나의 세계를 들여다볼 수 있어요. 사육사라는 직업은 생명을 바라보는 눈을 뜨게 만들죠. 인간 이외의 생명은 그 자체로 소중하다는 중요한 세계관으로 우리를 안내하는 것 같아요. 사육사는 무한한 생명의 세계를 만나는 직업이에요. 이 책을 통해 사육사가 하는 일이 무엇인지 알아가면서 동물을 대하는 태도와 동물을 생각하는 마음가짐도 알아보면 좋겠어요.

매일매일 동물과 함께하는 삶!
제 직업은 사육사입니다.

😊 **2장에서는?**

동물원에서 일하는 사육사는 동물을 먹이고, 건강하게 돌보고, 청결한 환경을 유지하고, 동물 행동 훈련도 하고, 관람객을 위해 생태설명회도 한다고 해요. 구체적으로 어떤 일을 하는지 알아보아요.

사육사는 누구인가요?

사육사는 가축이나 짐승을 기르고 돌보는 일을 하는 사람이에요. 한마디로 동물을 건강하게 잘 키우는 사람이죠. 주요 업무는 동물에게 먹이를 주고, 적절한 훈련과 관리를 하는 거예요. 단순해 보이지만 그 속에는 많은 고민과 갈등이 있어요.

아이를 키우는 부모는 '밥 잘 챙겨주고, 놀아주기만 하면 돼'라고 생각하지 않잖아요? 동물을 키우는 것도 마찬가지예요. 먹이를 줄 때는 어떤 먹이를 어떻게 줘야 잘 먹고 건강하게 자랄 수 있을지 고민하고 공부해요. 또 동물을 사육하는 환경을 관리하고 나아가 동물에게 즐거움을 주는 장난감도 개발하고 동물이 스스로 놀 수 있는 방법도 연구하고요.

그리고 사육사는 동물원을 방문하는 관람객들에게 양질의 관람을 제공하고, 관람객이 다양한 정보를 얻어갈 수 있도록 도움을 주는 일도 해요. 동물의 생태적인 습성과 다양한 정보를 설명할 수 있는 안내판을 만들고, 사육사가 직접 관람객에게 생태설명회도 운영하죠.

녹용이 녹각화되어가며
부드러운 껍질이 벗겨지며 피가 나는 사슴의 모습

동물을 먹이고, 건강하게 돌보는 일을 해요

저는 출근하면 바로 동물들의 상태를 점검해요. 밤에 잘 잤는지, 먹이는 충분히 먹었는지, 상처가 난 곳은 없는지 간단하게 보죠. 그리고 그날 동물들이 먹을 것을 준비해요. 동물마다 먹이가 달라서 준비하는 과정은 조금 다를 수 있어요. 예를 들어 해양포유류는 고등어, 동태, 전갱이, 열빙어, 도루묵 등과 같은 생선을 먹는데요. 대부분 냉동된 상태로 보관하기 때문에 오전에 미리 해동시켜 놓았다가 시간에 맞춰 급여해요.

동물들의 건강관리를 위해 아침마다 영양제도 줘요. 질병이 있어서 매일 약을 먹어야 하는 동물의 경우 약도 챙겨 먹이고요. 대개는 약만 주면 잘 먹지 않아서 먹이나 간식 사이에 숨겨서 먹을 수 있도록 하죠.

담당하는 동물의 시설물 점검은 매일 꼼꼼하게 해요

　동물들이 낮에 생활하는 곳은 관람객이 볼 수 있는 방사장이에요. 사육사는 매일 방사장을 점검해요. 위험한 게 튀어나와 있거나 깨진 곳은 없는지, 울타리나 외벽은 이상이 없는지 등을 확인하죠. 동물들이 긁히거나 다칠 수 있으니까 꼼꼼히 확인해야 해요. 그리고 밤에 머무는 실내도 매일 깨끗하게 청소해서 청결을 유지하고요.

　해양포유류를 담당하면 매일 방사장에 있는 물을 빼고 청소를 한 다음 다시 물을 채워요. 수돗물은 아니고 저수지 깨끗한 물을 넣어주는데 양이 정말 많아서 여름에는 물이 모자라기도 해요. 물이 더러워지면 동물들 상태가 안 좋아지기 때문에 물관리가 굉장히 중요해요.

동물들의 긍정 강화 훈련을 해요

사육사는 동물들의 긍정 강화 훈련(Positive Reinforcement Training)을 맡아서 해요. 칭찬은 고래도 춤추게 한다는 말이 있듯이 동물이 사육사가 기대했던 행동이나 반응을 보였을 때 칭찬해주고 먹이를 주는 훈련방식이에요. 이렇게 체벌이 아니라 먹이와 칭찬과 같이 긍정적 자극을 주면 동물은 사람이 기대하는 행동이나 반응을 보일 확률이 높아져요.

동물원의 동물들은 건강검진도 해야 하고, 여기저기 이동도 하고, 사육사가 주는 먹이도 잘 받아먹어야 해요. 이때 훈련이 잘 되어있지 않은 동물들은 스트레스를 받고 공포에 빠져서 위험한 행동을 하기도 해요. 동물이 예민해지면 동물도 위험하고 사람도 위험하게 될 수 있어서 이런 상황이 발생하지 않도록 매일 긍정 강화 훈련을 하죠. 이렇게 사육사는 지속적이고 반복적인 훈련을 통해 어떤 상황이 왔을 때 동물이 당황하지 않고 차분할 수 있도록 대비한답니다.

생태설명회를 진행하고 사육사 노트를 작성해요

　저희 동물원에서는 보통 4월에서 10월까지 생태설명회를 진행하고 있어요. 동물을 담당하는 사육사가 나와 동물의 생태에 대해 설명하고 먹이도 주면서 관람객이 동물을 더 잘 볼 수 있도록 하죠. 주말에는 모든 동물의 생태설명회가 열리고, 평일에는 월요일을 뺀 나머지 요일에 나눠서 진행해요. 보통 1시 30분부터 4시까지 열리는데요, 시간표를 확인해서 관심있는 동물의 생태설명회를 들으면 돼요.

　동물원에는 관람객을 위해 동물마다 간단한 설명을 곁들인 설명판이 있어요. 벽화나 그림도 있고요. 그리고 주변을 둘러보면 사육사 노트를 발견할 수 있어요. 사육사들이 동물의 특성이나 상태를 직접 쓰고 그려 놓은 거예요. 사람들이 궁금해하는 이야기, 잘못 알려진 이야기, 이 동물만이 가지는 독특한 특성, 그날 일어나는 일 등을 친근하고 재미있게 적어놓았어요. 동물을 보살피는 사육사가 직접 만들어서 그런지 관람객들이 꽤 좋아하시더라고요.

사육사가 제작한 사육사 노트

3장에서는?

사육사가 되려면 어떤 자질이 필요할까요? 어떤 공부를 하면 좋을지, 어떤 경험을 쌓으면 도움이 될지, 어떤 과정으로 채용되는지도 알아보아요.

동물을 좋아하거나 관심이 있거나

사육사로 일하는 사람들은 대부분 동물을 좋아해요. 동물을 그다지 좋아하지는 않지만 동물에 대해 알아보고 싶어서, 동물과 특별한 추억이 있어서 사육사가 된 사람도 있어요. 가끔 동물을 좋아하지 않는데 이 일을 시작했다가 오래 있지 못하고 그만두는 사람도 있죠. 그래서 동물을 사육하는 일은 좋아하지 않거나 관심이 없으면 할 수 없다고 생각해요.

반대로 동물을 너무 사랑하는 사람은 오히려 사육사와 좀 맞지 않는 것 같아요. 환경을 아무리 좋게 해줘도 동물원이 자연만큼 넓을 수 없어요. 제한된 공간에서 생활하는 동물을 돌보다 보면 많은 일이 일어나요. 동물을 좋아하는 마음이 앞서는 사람은 그 모든 상황에 감정이입을 해서 더 많이 안타까워하니까 마음이 너무 힘들어요. 이런 분들은 사육사라는 직업이 맞지 않겠죠.

세심한 관찰력과 체력은 기본

동물은 말을 못 하잖아요. 그래서 때로는 사육사의 관찰력에 따라 동물의 생명이 왔다 갔다 할 수도 있어요. 동물의 행동이 조금이라도 이상하다면 사육사는 세심하게 관찰하면서 어디가 아픈지 잘 살펴봐야 해요. 별다른 이상이 없어도 사육사는 이것저것 챙겨주면서 매일 습관처럼 여기저기 구석구석 동물의 상태를 체크하죠. 애정과 관심이 없으면 할 수 없는 일인데요, 그래서 사육사들은 책임감도 강해요. 동물을 위해서 자기 능력 이상의 힘을 발휘하는 분들도 있고요.

사육사의 일은 대부분 몸을 움직이는 일이에요. 방사장을 청소하고 훈련하고 사료를 급여하는 일들을 하려면 부지런해야 해요. 동물사료 한 포대가 보통 25kg인데요, 건초나 과일 간식, 그 밖에 다른 것들까지 옮겨야 하니까 체력이 필요하죠. 물론 수레나 도구가 있긴 하지만 그래도 힘이 많이 들어요. 활동적으로 움직이는 걸 좋아하지 않는다면 이 일이 어려울 거예요.

동물을 돌보는 경험을 해봐요

사육사가 되고 싶다면 어린 시절에 동물원에서 자원봉사를 한다든가, 방학을 이용해 실습을 한다든가 해서 동물원과 관련한 경험을 해보면 좋을 것 같아요. 예전에 한국동물원수족관협회에서 사육사 아카데미를 운영한 적이 있는데, 당시에 많은 학생이 참가했어요. 이런 기회가 생기면 적극적으로 참여하는 게 좋겠어요.

동물원과 관련된 경험을 하기 어렵다면 유기 동물보호 센터에서 꾸준히 자원봉사를 하는 것도 좋다고 생각해요. 하지만 한두 번 가서 하는 건 크게 의미가 없어요. 동물 분야로 진로를 정했다면 한 달에 두세 번이나 정기적으로 꾸준히 활동하는 게 큰 도움이 될 거예요.

동물 관련 전공을 하면 좋아요

　사육사가 되는 데 학력 조건은 없어요. 고등학교를 졸업하고 사육사가 된 경우도 많고요. 그런데 요즘 규모가 큰 동물원에서는 대학교 동물 관련 학과를 졸업한 전공자를 채용하고 있어요. 이와 관련있는 생물학도 전공으로 인정해주는 동물원도 있고요. 전공 분야를 어디까지 인정할 것인가에 대한 내용은 조금씩 변하고 있어서 지원할 동물원의 채용 공고를 확인하고 준비하는 게 좋겠어요. 대학은 학점은행제, 전문대학, 4년제 대학 등 동물 관련 전공이면 아무 곳이나 상관없어요.

　사육사가 되기 위한 필수 자격증은 없어요. 자격증이 없어도 사육사가 될 수 있지만 동물원에서 인정하는 축산계열 국가공인자격증은 있어요. 축산기능사, 축산산업기사, 축산기사, 축산기술사인데요. 보통은 축산기사 자격증을 많이 취득해요.

영어 공부는 열심히

　사육사가 되기 위해 특별히 잘해야 하는 교과목은 없지만 공부할 시기에 최선을 다해 공부하는 게 좋겠어요. 저는 사실 학창 시절에 공부에 큰 관심이 없어서 안 했어요. 그런데 시간이 지나고 나이가 들어서 이 일을 위해서 제가 공부하고 있더라고요. 더 좋은 사육사가 되기 위해 담당하는 동물에 대해서나 동물을 관리하는 방법을 배우고 있죠.

　꼭 필요한 한 가지 과목을 말하라면 영어를 열심히 하라고 권하고 싶어요. 동물 관련 책들은 영어로 되어있는 게 많아요. 외국에서 동물학이 훨씬 발전했기 때문이에요. 또 큰 동물원들은 해외 동물원과의 교류가 많아서 영어로 대화를 할 수 있으면 좋아요. 저희 동물원은 해외 동물원의 시스템을 배우기 위한 글로벌 프로그램이 있어서 저도 독일, 체코, 헝가리의 여섯 개 동물원을 다녀왔는데요. 영어를 잘하면 그런 기회를 얻는 게 더 쉽죠.

채용 정보를 확인하고 지원하기

　동물원에서 사육사를 채용할 때는 인터넷 구인·구직 사이트나 대학교를 통해 사육사 모집 공고를 내고 서류심사와 면접을 통해 선발하죠. 동물원에서는 정기적으로 사육사를 채용하지 않고 필요에 따라 수시로 뽑고 있어요. 자주 채용 정보를 확인하면서 준비하는 게 좋겠어요.

　사육사를 뽑을 때 필기시험은 대부분 보지 않지만 요즘 들어 전공시험을 보는 곳들이 생기고 있어요. 이것도 꼭 확인하고 준비해야겠죠. 그래도 아직은 필기나 실기보다 면접 비중이 높아서 자신의 장점을 나타낼 수 있는 경력을 차근차근 쌓아 올리고 자기 계발을 하는 게 중요한 것 같아요. 그래서 저는 항상 후배들에게 기회가 언제 올지 모르니 준비되어 있어야 한다고 이야기해요.

사육사가 되려면
동물을 좋아하거나 관심이 있어야 해요.
하지만 동물을 너무 사랑하는 사람은
오히려 사육사와 맞지 않는 것 같아요.
동물을 돌보려는 책임감과
든든한 체력도 필요하다는 것 잊지마세요.

4장에서는?

사육사로 채용되면 배우고 익혀야 할 일이 많아요. 실제로 사육사가 담당하는 일은 무엇인지, 동물과 어떻게 친해지고 교감할 수 있는지, 얼마나 배워야 숙련된 사육사가 되는지도 알아보아요.

선배를 따라 배우고 익혀요

동물원에 사육사로 들어가면 처음엔 선배를 따라다니며 일을 배워요. 앞으로 관리할 동물사의 전체적인 상태, 시설물 관리하는 방법, 간단한 동물 관리 방법 등이죠. 무엇을 어떻게 배우는가는 선배 사육사에 따라 달라요. 직접 현장에서 일을 같이하며 가르쳐주는 사람도 있고, 현장에 직접 들어가기 전에 이론으로 충분히 공부시키는 사람도 있어요.

또 동물원의 상황에 따라 일을 빨리 배우기도 하고 천천히 배우기도 해요. 동물원에 사육사가 넉넉해서 당장 신입 사육사를 투입하지 않아도 된다면 동물사마다 돌아다니며 수습으로 잠깐씩 일을 배울 수 있어요. 반대로 신입 사육사가 동물 관리 업무에 투입되어야 할 때도 있어요. 이 경우에는 오랜 시간을 들여서 배워야 하는 업무들도 빨리 배워야 해요.

업무 분장에 따라 맡은 책임을 다해요

　동물사의 모든 사육사는 관리하는 동물의 번식과 보육을 담당하고, 나이가 많은 동물을 특별히 관리해요. 또 동물사에 들른 관람객이 질서를 지켜 안전하게 관람하도록 관리하고, 동물의 상태를 기록하고 필요한 물품을 구입하는 사무적인 일도 하고요. 이렇게 공공기관 동물원에서는 사육사 모두 공통으로 해야 할 일이 있고, 사육사마다 담당하는 동물에 따라 해야 할 일도 따로 있어요.

　저 같은 경우는 현재 사슴사에서 사슴들을 중점 관리하고 있어요. 시설 관리, 사슴들의 행동 풍부화와 긍정 강화 훈련, 관객들을 위해 생태설명회도 맡고 있죠. 사슴사만의 특별한 일도 있는데요, 바로 사슴의 뿔을 관리하는 거예요. 사슴의 뿔은 자라면서 변화해요. 처음엔 부드러운 녹용이었다가 점점 딱딱해져 녹각으로 변해서 결국 머리에서 떨어져요. 이렇게 떨어진 사슴뿔과 특별한 이유로 잘라 낸 사슴뿔을 보관하는 일도 저의 담당이에요.

예민한 사슴들은 사람을 경계해서 편안하게 놀고 쉴 수 있도록 배려해요.

담당하는 동물이
바뀔 수도 있어요

　사육사가 되면 회사에서 근무할 동물사를 배정해요. 한 동물사에 보통 5년 정도 일해요. 규정으로 정해져 있는 것은 아닌데요. 한곳에 오래 있으면 너무 익숙한 나머지 그냥 지나치는 게 많아져서 그런 것 같아요. 새로운 사람이 오면 새로운 활력이 생기기도 하고요. 하지만 요즘엔 5년이 지났다고 무조건 이동하지는 않아요. 새로운 사육사가 오면 동물들도 서로 적응하는데 오랜 시간이 걸리니까요. 그래서 한 동물사를 10년 동안 전담하거나, 한 명의 전문가를 전담으로 두고 조금씩 변화를 주자는 의견도 있어요.

　그리고 어쩔 수 없이 이동하는 경우도 있어요. 어떤 동물사에 갑자기 사육사가 부족해져서 인원이 많은 동물사 사육사가 배정받는 거죠. 이런 때 이동하게 된 사육사는 경력이 많아도 신입 사육사처럼 처음부터 배워야 해요.

어느 동물사나 숙련 기간이 필요해요

    계절마다 동물을 관리하는 방법이 달라서 새로운 동물을 만나 적응하기까지 보통 2년 정도 걸려요. 1년 사계절을 두 번씩 경험해 봐야 그 동물사에서 제대로 일을 할 수 있다는 거죠. 간단히 밥만 주고 청소하는 게 아니라 동물이 본래 야생의 서식지에서 살아가는 환경, 습성, 먹이, 생태 등 전반적인 것들을 알고 이해해야 하니까요. 그리고 같은 종이라도 동물들은 개체마다 다 특성이 있어요. 사람마다 개성이 다른 것처럼요. 그래서 그 동물에 대해 가장 잘 알고 있는 사람은 담당 사육사예요. 만약 다른 곳에서 같은 종을 관리해 본 오래된 사육사가 온다고 해도 그 사실은 변함이 없어요.

사람의 입장이 아니라 동물의 입장에서 생각해요

　사람의 생각으로 동물의 행동을 판단해서는 안 돼요. 무리 생활을 하는 동물들은 모두 나름의 서열이 있어요. 다 같이 먹으라고 사료와 간식을 놓아두면 먹는 애만 먹고 못 먹는 애들이 꼭 생겨요. 약한 아이들이 그렇죠. 그런 모습을 보면 속상해요. 사료도 넉넉한데 왜 다 함께 나눠 먹지 못할까 힘센 애들한테 화도 나고요. 그렇다고 사육사가 약한 아이들만 따로 챙겨주면 무리 안에서 갈등이 생겨요. 그래서 일단 지켜보다가 문제가 심각한 수준에 이르렀다고 생각되면 그때 약한 아이들을 분리시켜서 따로 챙겨줘요. 하지만 서로 떨어뜨려 놓는 건 잠깐이어야 해요. 계속 분리해 놓으면 사회성과 야생성이 떨어져서 야생 동물이 아니라 반려동물처럼 되니까요. 문제가 심각할 때 잠깐만 격리했다가 다시 무리 생활을 하도록 유도해야 하죠.

사육사가 동물을 사랑하는 방법은?
그 동물이 살아야 할 본래의 서식지 환경과 가깝게 꾸미고,
습성과 먹이, 생태 등을 알아서
최대한 야생에 가까운 생활을 하도록 돕는 거예요.

각각의 동물에 맞는
사육 방법을 터득해요

　사육사가 되면 공부를 많이 해요. 담당하는 동물의 특성을 이해하고 관리하는 방법을 찾아내기 위해서죠. 이론적인 방법이 나온 전문 서적들이 도움이 돼요. 하지만 전문 서적은 동물에 대한 일반적인 것들을 이야기하는 경우가 많아요. 동물을 관리하는 데 다양한 관점이 있는데 그것들을 모두 담아내지는 못해요. 동물은 생명체예요. 사람처럼 각각의 동물마다 개성이 다르고 취향, 성격, 좋아하는 것들도 다 달라요. 내가 담당하는 동물과 직접 부딪히고 노력하면서 각각의 동물에 맞는 사육 방법을 터득하는 게 좋아요.

　때로는 내셔널 지오그래픽 등 야생에서 생활하는 동물 영상을 참고하기도 해요. 그리고 소수의 동물이나 우리나라에는 없는 특이한 동물에 대한 정보는 대부분 외국 논문이나 자료를 찾아봐요. 이렇게 동물에 대한 일반적인 정보를 얻어서 실제 사육할 때 실행도 해보고, 다른 방법도 찾아보면서 시행착오를 거치며 사육 방법을 찾아나가죠.

오물을 청소하는 것도 사육사의 할 일

저는 동물이 있는 곳을 청소하는 게 싫은 적이 없어요. 당연히 제가 할 일이고, 저 아니면 청소해 줄 사람이 누가 있겠나 싶어서 청소가 싫지 않아요. 다만 가끔 몸이 힘들거나 피로가 쌓였을 때는 체력적으로 힘들다는 생각을 해본 적은 있어요. 그렇다고 게을리할 수 있는 일은 아니에요. 동물사를 청소하는 일은 단순히 동물의 오물을 치우는 건 아니에요. 청소하는 시간은 가장 가까이서 동물의 상태를 확인하는 시간이기도 해요. 오늘 컨디션은 좋은지 혹시 아픈 곳은 없는지 살펴보며 사육사로서 담당하는 동물을 관리하는 일이에요.

주말 근무는 필수

　동물원에 관람객이 가장 많을 때가 주말이에요. 그래서 사육사는 기본적으로 주말에 근무할 수 있는 사람이어야 해요. 채용할 때 주말 근무가 가능한 사람들만 뽑기 때문에 주말 근무는 선택이 아니라 필수예요. 주말 근무는 회사마다 다른데 주말에 모두 근무하는 동물원도 있고(대부분 실내 동물원), 큰 동물원들은 대부분 격주로 주말 근무를 합니다.

　정해진 근무 시간은 여느 직장인과 마찬가지로 하루 8시간, 주 5일이에요. 하지만 실제로 동물원 사육사들은 종종 아침 7시부터 저녁 8시까지 근무하는 때가 있어요. 업무가 몰리거나 동물 상태에 문제가 있는 경우는 일을 좀 더 하기도 하고요. 이럴 때는 초과 수당을 받아요.

2인 1조로 일해요

동물을 관리하는 일은 위험이 따라요. 동물에게 간식을 주거나 상태를 살펴본다며 동물의 입 속으로 손을 넣었다가 물려서 다치는 사고가 일어나기도 해요. 그래서 공공기관 동물원에서는 사고의 위험을 줄이기 위해 두 사람이 한 조를 이루어 일하고 있어요. 동물의 상태를 살피거나 동물사를 청소할 때 서로 앞뒤를 봐주는 거죠. 여러 동물이 함께 있는 곳에서 한 동물을 살피느라 뒤를 보지 못하고 있다가 사고가 날 수도 있으니까요.

동물을 대할 때는 늘 경계심을 가지고 조심하는 게 필요해요. 사람들이 호랑이 같은 맹수가 더 무서울 거라고 생각해요. 사육사가 보기에는 뿔 달린 초식동물이 더 위험해 보여요. 맹수는 위험하니까 서로 방어적으로 경계하는데, 초식동물은 위험하다는 생각을 많이 안 해서 긴장감이 떨어지거든요. 그런데 뿔 있는 동물들이 공격하면 훨씬 더 위험할 수 있어요. 어떤 동물을 담당하든 경계하면서 조심해야 해요.

5장에서는?

사육사들의 일터, 동물원에 대해 알아보아요. 동물원은 언제 생겼는지, 동물원의 주인은 과연 누구인지 궁금하다면 지금 확인하세요. 동물원에서 하고 있는 특별한 일도 소개합니다.

동물원의 역사는?

　최초의 동물원은 1752년 오스트리아 빈의 쇤브룬 궁전에 있는 쇤브룬 동물원Tiergarten이에요. 지금도 운영하는 세계에서 가장 오래된 동물원이죠. 대한민국 최초의 동물원은 1909년 11월 일제강점기 때 창경궁에 세워진 창경원이에요. 세계 36번째, 동양에서는 7번째로 세워졌죠. 창경원 개원 당시 포유류 29종 121마리, 조류 43종 240마리 등 총 72종 361마리가 있었어요. 광복 후 꽤 오랜 시간이 지난 후 창경원은 창경궁으로 복원되었고, 그곳의 동물들은 1984년 개원한 과천 서울대공원 동물원으로 옮겨져 현재까지 관리되고 있어요. 대한민국에서 가장 오래된 동물원인 서울대공원 동물원은 2009년에 개원 100주년 행사를 했답니다.

동물원의 주인은 누구일까요?

여러분은 어떻게 생각하나요? 동물원 사장님? 관리하는 직원? 사육사? 저는 동물원의 주인은 당연히 동물이라고 생각해요. 동물이 없으면 동물원이라는 곳이 존재할 리 없죠. 동물들 때문에 살아 숨 쉬는 곳이라 동물원의 주인은 당연히 동물이죠.

예전에는 동물원이 관람객, 즉 동물을 보는 사람 위주였어요. 요즘엔 동물 복지에 대한 인식이 높아져서 동물 중심으로 운영되고 있어요. 예전에는 관람객들이 동물원에 왔을 때 동물이 안 보이면 항의했거든요. 하지만 지금은 동물들이 자기가 있고 싶은 곳에 있기 때문에 안 보여도 할 수 없고, 보는 사람이 스스로 찾아서 봐야 해요. 물론 관람이라는 말을 아직도 사용하고 있지만 사람 중심에서 동물 중심으로 바뀐 건 사실이에요. 동물이 사는 곳에 사람이 잠깐 지나가는 느낌이라고 할까요. 앞으로 동물원의 관람 문화가 이런 방향으로 바뀌는 게 바람직하다고 생각해요.

종 보전 활동도 하는 동물원

　서울대공원 동물원 안에 종 보전 연구실이 있어요. 멸종 위기종인 삵, 검은 머리 갈매기, 산양, 부리가 주걱처럼 생긴 저어새 등을 연구하고 있어요. 또 야생에서는 멸종된 동물도 보호하고 있는데요. 네 가지 동물을 닮은 사불상이라는 사슴도 그중 하나로 현재는 동물원에서밖에 못 봐요.

　동물원에서는 여러 토종 동물들을 번식시켜 야생으로 돌려보내는 노력도 하고 있어요. 이러한 종 보전 활동이 동물원의 매우 중요한 기능이죠. 그런데 전문가들이 어렵게 번식시켜서 풀어주더라도 우리의 자연 상태가 동물들이 잘 살 수 있는 환경이 아니라는 게 또 문제예요. 생존할 수 있는 환경이 아니라 얼마 못 살고 죽게 되면 결과적으로 실패한 거잖아요. 종을 보전하는 것뿐만 아니라 자연에서 생존하고 적응하는 것까지 관리하는 게 진정한 동물보호라고 생각해요.

동물원도 국제적인 인증제도가 있어요

　서울대공원 동물원은 에버랜드와 함께 아시아 동물원 최초로 2019년 미국동물원수족관협회AZA : ASSOCIATION OF ZOOS & AQUARIUM 인증을 받았어요. AZA 인증은 동물원 분야의 국제적인 인증제도인데요. 동물복지, 보전과 과학연구, 생태교육, 안전훈련 및 재정상태 등 현대 동물원의 모든 기능과 필요 요소에 대한 까다로운 인증 기준을 통과해야 받을 수 있어요. 인증받은 후에도 5년마다 점검을 통해 갱신해야 인증 효력을 유지할 수 있고요.

　AZA 인증은 쉽지 않아요. 2019년 기준으로 북중미 2,500여 개 동물원과 수족관 중에서 10%가 채 안 되는 236개소만 인증을 받았어요. AZA 인증으로 서울대공원 동물원과 에버랜드는 전 세계 최고 수준의 동물원과 어깨를 나란히 하고 국제 교류와 협력을 활발히 할 수 있게 되었죠.

미래의 동물원은 어떤 모습일까요?

대한민국 동물원의 역사가 100년을 넘었어요. 100년 전에 과연 지금의 동물원을 상상할 수 있었을까요? 저 역시 앞으로 10년 후 동물원, 100년 후 동물원의 모습을 상상하기가 어렵네요. 하지만 자신있게 얘기할 수 있는 것은 미래의 동물원은 지금보다 동물들이 살기 좋고, 행복하게 지내는 곳으로 변화할 거라는 사실이에요.

불과 얼마 전까지도 아무나 동물원을 열어서 열악한 환경에서 동물을 무분별하게 키웠어요. 지금은 동물에 맞는 환경도 갖춰야 하고, 동물마다 다르게 관리해 줘야 해요. 동물 공연 등에 대한 제재도 생기고 동물원/수족관법도 까다로워져서 동물 공연도 함부로 할 수 없어요.

동물 복지에 대한 국민의 인식이 높아졌기 때문에 가능한 일이었어요. 앞으로도 사육사들과 동물을 사랑하는 사람들의 꾸준한 관심과 노력으로 동물을 위한 동물원으로 발전할 거라 생각해요.

6장에서는?

요즘 사육사라는 직업이 어린이와 청소년의 관심을 받고 있어요. 사육사라는 직업에 어떤 매력이 있는지, 선배 사육사의 솔직한 마음을 들어보아요.

예쁜 친구들의 위로를 받는 기쁨

저는 동물들이 아무것도 하지 않고 가만히 있어도 예뻐 보여요. 밥을 잘 먹고 누워서 자는 모습도 예쁘고, 아프지 않고 잘 뛰어놀고 있는 모습도 특별해 보이고요. 애교를 부리거나 놀아달라고 할 때는 더 예쁘죠. 생각해보면 부모가 자녀를 보면서 느끼는 감정과 비슷한 것 같아요.

예전에 돌고래를 관리할 때 일이에요. 좀 힘든 날이었는데, 아침에 출근해서 순찰하면서 힘 없는 목소리로 '밤에 잘 잤어, 별일 없었어'하고 물었더니 저한테 다가와서 장난을 치는 거예요. 제가 힘들어 보이니까 힘내라고 물도 뿌리고 애교도 부리는 것 같았어요. 정말 위로가 되고 힘이 나더라고요. 이러니 제가 어떻게 이 친구들을 안 예뻐할 수가 있겠어요.^^

동물이 평소에 잘 지내는 것이 사육사의 보람

    사육사들은 자신이 돌보는 동물이 평상시에 잘 지내는 것을 보는 게 큰 보람이에요. 별 탈 없이 잘 먹고 잘 놀고 잘 자는 모습을 보면 내가 뭔가 도움이 되었다는 느낌이 들어요. 그리고 동물이 아파서 옆에서 간호하고 기다려주었더니 다시 건강해졌을 때, 새끼를 낳거나 알에서 새끼가 부화했을 때, 내가 준비한 밥을 맛있게 잘 먹을 때, 기분 좋은 모습을 볼 때, 놀아달라고 쫓아올 때, 등등 그 모든 일상의 순간마다 보람을 느끼죠.

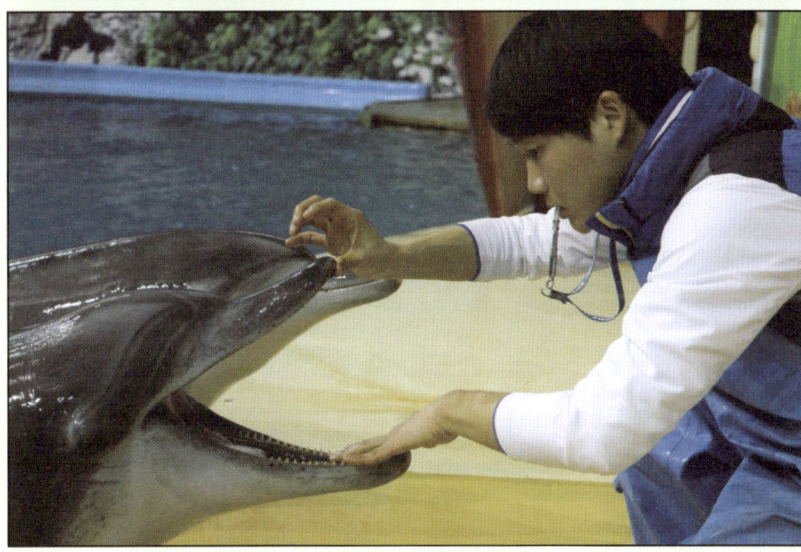

남방큰돌고래를 고향으로 돌려보냈던 특별한 경험

　서울대공원에 남방큰돌고래 다섯 마리가 있었어요. 제 손으로 매일 밥 주고 돌봐주던 남방큰돌고래를 대한민국 동물원 최초로 원래의 서식지인 바다로 돌려보냈죠. 개인적으로는 직접 돌보던 돌고래들을 떠나보내야 해서 마음 아픈 이별이기도 했어요. 그리고 걱정도 많았고요.

　환경단체에서 돌고래들을 방류하자는 의견을 냈고, 복잡한 과정을 거쳐 결국 방류하기로 결정이 났어요. 사육사들은 돌고래들이 이미 나이가 들었고 동물원에서 오래 관리를 받았기 때문에 자연에서 잘 적응할 수 있을지 불투명하니까 방류하지 않는 게 좋겠다고 생각했어요. 하지만 방류하기로 결정이 났기 때문에 돌고래들이 바다 환경에 잘 적응할 수 있도록 이별을 준비했죠.

　'가서 밥은 잘 챙겨 먹을까, 친구들과는 잘 어울려 다닐 수 있을까,

아프면 어떡하지?'라는 걱정도 많이 했는데 다행히 잘 지내고 있다고 해요. 무리에서 새끼를 낳은 돌고래도 있고요. 남방큰돌고래 방류는 당시에 해외에서도 이슈가 되었어요. 우리나라에서는 처음 있는 일이었고 외국에서도 사례가 많지 않았거든요.

제주도 돌고래 방류 현장과 뉴스 인터뷰 (출처: 네이버)

7장에서는?

무슨 일이든 나름의 어려움이 있어요. 사육사에게는 어떤 어려운 일이 있는지, 어떻게 극복하는지 김호진 사육사의 솔직한 경험을 들어보아요.

마음을 놓으면 다칠 수 있어요

예전에 파충류를 관리할 때 무리에서 따돌림을 당하는 이구아나가 있었어요. 밥을 놓고 나오면 다른 애들은 와서 먹는데 그 이구아나는 너무 안 먹더라고요. 그래서 사과를 집어서 먹으라고 입에 대줬는데 제 손을 물었죠. 그때는 제가 어리기도 했고 일이 바쁘니까 미숙했던 것 같아요. 제가 손을 내미니까 공격하는 줄 알고 문 거죠. 파충류는 이빨이 톱니처럼 나 있어서 꽤 많이 다쳤던 경험이 있어요.

예전에 돌고래를 돌볼 때도 위험한 순간들이 좀 있었어요. 돌고래는 일부러 공격하진 않지만 화가 나면 입으로 탁탁 쳐요. 돌고래 입 자체가 턱뼈고 엄청 딱딱해서 잘못 맞으면 피부가 찢어져요. 그래서 항상 동물과 친하다고 해도 마음을 놓아서는 안 돼요.

동물만 생각하는 것도 직업병

저는 길에서 동물을 보면 저절로 그 동물의 상태를 점검해요. 털의 윤기는 어떤지, 눈곱은 있는지, 전체적인 관리 상태는 어떤지 살펴보는 거죠. 하루는 대형견을 산책시키는 지인을 만났는데 저도 모르게 털을 골라주고 눈곱을 떼어주고 있더라고요. 친구들 집에 놀러 가서 강아지나 고양이, 앵무새 등을 만나면 동물들의 행동 상태를 지켜보다가 이렇게 훈련해 보라고 조언도 하고요. 또 새로운 동물을 보면 동물 자체에 집중하지 못하고 이 동물이 어떻게 지내고 있는지, 어디서 자는지, 자는 곳은 어떤 모양이고 어떤 크기인지, 온도, 습도는 어느 정도인지 궁금해요. 그래서 동물을 아주 오랫동안 지켜보는 습관이 있어요.

그리고 동물을 자극하지 않기 위해 향수나 진한 화장품을 쓰지 않아요. 액세서리나 시계도 동물들이 다칠 수 있기 때문에 착용하지 않고요. 이런 게 습관이 돼서 동물원 밖에서도 하지 않죠.

운동으로 체력관리하고 스트레스도 풀어요

사육사는 몸을 써서 일하는 직업이에요. 체력관리를 잘못해서 병이 나거나 다치는 사람들이 꽤 있어요. 저는 원래 운동을 좋아하지만, 체력관리를 위해서 더 열심히 하는 편이에요. 그리고 마라톤 완주를 하고 수영대회에 나가는 활동을 하면 스트레스 해소에 큰 도움이 돼요.

사육사는 다른 직장인들과 조금 다른 게 있는데요. 동물을 돌보면서 스트레스가 풀리고 위로받는 경우가 많아요. 예전에 돌고래를 관리할 때 혼자 있고 싶어서 돌고래들한테 가면 마치 제가 상사에게 혼나고 온 것을 아는 것처럼 옆으로 와서 가만히 있어 주더라고요. 정말 큰 위로가 되었죠. 이렇게 동물들이 내 옆에 있어 주는 것만으로도 힘이 되고 스트레스가 풀리는 경험을 많이 하죠.

8장에서는?

어려서부터 동물을 좋아해 자연스럽게 이 직업을 선택했다는 김호진 사육사. 사육사가 되어서도 더 좋은 사육사가 되기 위해 자기 계발을 하고, 사육사가 되고 싶은 사람들의 멘토로 활동하고 있다는데요. 그 이야기를 자세히 들어보아요.

동물을 좋아했던 어린 호진이

어릴 적부터 동물을 좋아했어요. 그냥 좋아하기만 한 게 아니라 집에서 여러 가지 동물들을 키울 만큼 좋아했죠. 다행히 저뿐만 아니라 가족들도 동물을 좋아해서 다양한 동물을 키웠어요. 강아지, 고양이, 앵무새, 토끼, 거북이, 물고기 등 집에서 직접 동물을 관리하며 동물들의 매력에 푹 빠져 지냈어요.

하지만 사육사가 되겠다고 생각한 건 아니었어요. 막연하게 동물과 관련된 일을 해야겠다는 마음만 먹었죠. 학창 시절에 방학을 이용해 집 근처 목장에서 먹고 자며 자원봉사를 하면서 힘들었지만 이 일이 저에게 잘 맞는다는 걸 확인했어요. 그래서 대학교는 동물 관련 학과로 진학했죠. 좋아하는 동물을 공부하며 '과연 내가 어떤 직업을 선택하면 더 즐겁고 행복하게 살 수 있을까?' 고민한 끝에 사육사라는 직업을 선택하게 되었어요.

더 좋은 사육사가 되기 위해 자기 계발에 힘을 쏟아요

처음에 사육사가 되었을 때 사육사에 대한 사회적 인식이 안 좋았고 대우도 좋지 않았어요. '왜 사육사라는 직업을 사회적으로 인정해주지 않는 걸까?'하고 고민도 많았죠. 그래서 전문적인 직업인 사육사로 성장하기 위해 자기 계발에 노력해 왔어요.

예전에 퇴직한 주임님이 해주셨던 이야기가 있어요. 과거에는 사육사로 취직해도 그 사실을 집에도 숨겼대요. 그런데 요즘은 달라졌어요. 사육사로 들어오는 후배들의 학력이 꾸준히 높아지고 있죠. 대학 졸업자는 물론이고 대학원 석사 이상의 학위를 딴 사람도 많아요. 그리고 동물과 지내다 보면 공부를 많이 하게 돼요. 그래서 자연스럽게 자기 계발을 게을리할 수가 없더라고요.

멘토링 활동도 열심히

　동물원에서는 동물들의 아빠인 사육사로 활동하지만, 휴일에는 사육사가 되고 싶은 멘티들의 사육사 멘토로 활동하고 있어요. 여러 온라인 멘토링 사이트에서 전국 사육사 중 가장 활발하게 멘토로 활동하고 있죠. 오프라인에서도 초, 중, 고, 대학교에서 세미나, 진로 특강, 직업박람회 등에 참여해요. 사육사가 되고 싶은 사람이 있는 곳이라면 어디든 가서 도움을 주려고 열심히 활동하고 있어요.

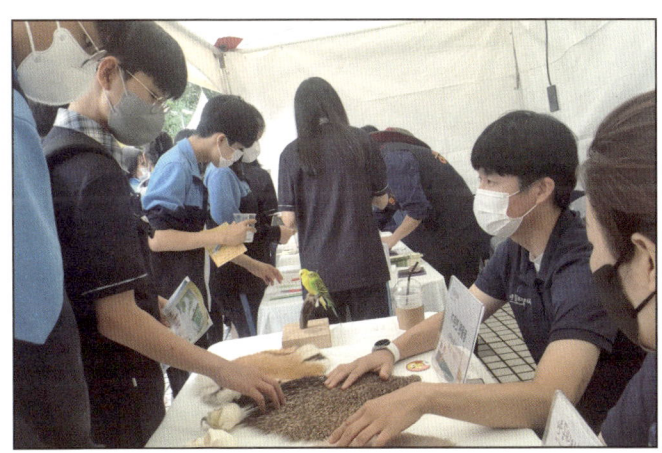

중고등학교 진로박람회

돌고래들과 쌓은 추억은
잊을 수가 없어요

저는 돌고래 조련사로 오랫동안 일했어요. 대한민국에서 돌고래를 관리해 본 몇 안 되는 사육사죠. 돌고래를 담당하면 사육사보다는 조련사라는 말을 더 많이 써요. 조련사로서 돌고래들과 쌓았던 추억이 정말 많아서 헤어질 때는 슬프기도 했어요. 돌고래가 고향으로 돌아가는 것은 기쁜 일이었지만 원래 서식지인 바다로 돌아가서 잘 적응할 수 있을까 걱정도 되었죠.

돌고래들을 바다로 돌려보내기 전에 바다에 가두리를 쳐서 두 달 정도 적응 훈련을 했어요. 활어를 주고 직접 잡아먹을 수 있도록 하는 훈련이었죠. 보내주면서 자연에 잘 적응하는지 추적하기 위해 등지느러미에 번호도 표시해주고 칩도 넣었어요. 제주도에 갈 때마다 해안도로에서 망원경으로 돌고래들의 지느러미가 보이나 살펴봐요. 혹시나 볼 수 있을까 해서요.

돌고래들을 다 떠나보내고 조련사에서 사육사로 돌아왔는데 당시에는 그것도 낯설더라고요. 허전한 마음을 달래고 이별에 적응하는 데 시간이 오래 걸렸죠.

이별의 순간은 항상 힘들어요

 십여 년 넘게 일하면서 아직도 어려운 게 바로 이별의 순간이에요. 내 손으로 돌 본 동물을 내 손으로 자연으로 돌려보낸 이별, 아픈 친구들과의 이별 등 다양한 헤어짐을 경험했지만, 아름다운 이별이나 쉬운 이별은 한 번도 없었어요.

 동물원에서 이별하는 것도 힘들었지만 제가 초등학생 때부터 성인이 될 때까지 키우던 강아지와의 이별은 아직도 마음이 아파요. 당시에는 헤어진다는 걸 생각하지 못하고 매일 집에 가면 그 자리에 있어 줄 거라고 생각했어요. 이별을 준비하지 못해서 그런지 더 잘해주지 못하고, 더 놀아주지 못한 걸 많이 후회했어요. 그래서 지금 동물원에 있는 동물들에게 더 잘해주려고 노력하고 있는 것 같아요.

동물과 함께 하는 삶을 꿈꿔요

대학 시절에는 일본에 가서 고래상어가 있는 츄라우미 수족관 같은 대형 아쿠아리움에서 일해보고 싶었어요. 사육사가 되고 나서 해양포유류와 돌고래를 만났으니 그 꿈은 어느 정도 이루어진 것 같아요.

요즘은 대한민국 동물 분야의 발전에 기여하고 싶다는 큰 꿈이 생겼어요. 사육사들만 동물들을 잘 키운다고 대한민국 안에 사는 동물들이 잘 사는 건 아니더라고요. 여러 가지 제도적인 것들이 뒷받침되어야 동물들이 더 건강하고 행복하게 지낼 수 있다는 생각이 들었거든요. 또 나날이 증가하고 있는 동물 대상 범죄를 다루는 동물 경찰이 되고 싶다는 생각도 해봤어요. 어떻게 이 꿈을 이룰 수 있을지는 좀 더 생각해보려고 해요.

9장에서는?

앞에서 미처 소개하지 못한 궁금증을 해결하는 시간! 사육사에게 묻고 싶은 10가지 질문을 모아봤어요. 동물은 사육사를 어떻게 생각하는지, 동물과 소통하는 노하우는 무엇인지, 사육사가 관람객에게 바라는 것은 무엇인지도 알려주신대요.

동물은 사육사를 어떻게 대하나요?

　동물이 자신을 돌봐주는 사육사를 알아보는지 궁금하다는 사람들이 많아요. 대답은 "종마다 다르다"입니다. 사육사와 일반인을 구별하는 동물이 있는 반면에 전혀 구별하지 못하는 동물도 있어요. 동물이 사육사를 대하는 태도는 세 가지인 것 같아요. 사육사를 좋아하거나, 사육사가 오든 말든 관심이 없거나, 사육사가 오기만 하면 도망가거나. 사육사를 보고 도망가는 동물은 사육사를 싫어하는 게 아니라 사람 자체를 싫어하거나 경계하는 거죠.

　하지만 사람을 싫어하는 동물이거나 사육사를 싫어하는 동물도 시간이 지나면 자기(동물)에게 신경 써주고, 생각해주고, 아껴주고, 걱정해 주고, 이해해 주는 사육사들의 진심을 느끼죠. 맹수가 아닌 이상 시간이 지나면 사육사들이 동물과 한 공간에 있으면서 밥을 주고, 청소하고, 작업을 하는 데 큰 무리가 없어요. 사육사들은 이런 느낌을 교감이라고 표현하는데, 동물과의 교감을 통해 서로 마음의 문을 여는 순간 적대심은 크게 사라지죠.

　어느 동물이나 처음에는 다 경계해요. 그러다 매일 만나고 시간이 쌓이면 자신을 보살펴주는 사람에게 곁을 내주죠. 그다음에는 가까이 가도 도망가지 않아요. 저는 지금 사슴을 담당하고 있는데, 처음에는 청소하거나 밥을 주러 들어가면 많이 도망갔어요. 그런데 지금은 들어가서 사슴들 사이를 왔다 갔다 해도 아무도 도망가지 않아요.

뿔이 한쪽 떨어진 사슴

뿔이 다 떨어진 사슴

동물원 동물과 야생동물은 어떤 차이가 있나요?

여러 가지가 있겠지만 가장 큰 차이점은 동물이 살아가는 데 있어서 사육사, 즉 사람의 개입이 있느냐 없느냐의 차이라고 생각해요. 꼭 동물원뿐만이 아니더라도 사람과의 접촉이 늘어나면 늘어날수록 동물의 야생성은 줄어들 수밖에 없거든요. 물론 동물원에서는 야생성을 높이고 사람들과의 접촉을 최소화하기 위해 노력하지만, 동물원 동물과 야생동물이 같은 상황이 될 수는 없어요. 그래도 최대한 야생성을 해치지 않으려고 노력하죠.

사람이 동물의 야생성에 개입하면 되돌리기 어려워요. 잘 모르는 분들은 훈련하다 그만두면 다시 야생성이 살아난다고 생각하는데요, 실제로는 그렇지 않아요. 그래서 가능하면 야생동물인 상태에서 식사를 챙기거나 청소만 하는 등 최소한의 것만 해주고 동물의 야생성을 최대한 지키려고 노력해요.

동물과 소통하는 노하우는 뭔가요?

QUESTION 03

사육사는 동물들이 잘 지내기를 바라는 사람이에요. 매일 밥을 주고, 저 사람이 나를 해치지 않는다는 신뢰가 쌓이면 동물들도 조금씩 곁을 내줘요. 분명 시간이 걸리지만 동물들과 매일 얼굴을 마주 보고, 장난을 치고, 서로의 존재를 인정하면서 친구가 되는 거죠. 서로 다른 존재가 한 공간에 있지만 낯설지 않고 소통이 되고 교감하는 느낌이 들어요.

물론 개체마다 차이가 크고 소통할 수 없는 동물 종도 있지만, 보통의 동물들은 담당 사육사와 소통해요. 사람이 먼저 마음의 문을 열고 '나는 너의 편이야'라는 마음으로 기다려주면, 동물도 언젠가는 마음의 문을 열고 다가와 소통을 하거든요.

동물이 아픈 걸 어떻게 알아채나요?

　동물은 말을 못 해서 이미 사람 눈에 병의 증상이 보이면 병증이 심각한 경우가 많아요. 동물의 병을 놓치지 않으려면 동물의 상태를 미리미리 세심하게 관찰해야 해요. 동물의 상태가 평소와 다르고 뭔가 이상해 보이면 바로 동물원에 있는 동물병원에 데려가요. 서울대공원 동물원에는 동물병원이 있고 수의사가 항상 있어서 바로 진료를 볼 수 있거든요.

　동물병원에서 진료받은 동물들은 대부분 약이나 주사, 간단한 시술, 급한 경우는 수술하는 등의 처치를 받은 상태라 잘 돌봐줘야 해요. 체력을 끌어올리기 위해 조용히 쉴 수 있는 쾌적한 환경을 만들어주고, 평소보다 먹는 것에 신경을 더 쓰죠. 특식이나 양질의 사료를 평소 양보다 좀 더 급여해서 떨어진 체력을 끌어올려야 빨리 회복할 수 있으니까요.

관람객이 하지 말아야 할 행동이 있다면?

QUESTION 05

동물원에서 금지하는 행동을 하지 않는 거예요. 관람객 중에는 동물에게 뭘 던지는 분들이 많아요. 특히 사람이 먹는 음식이나 과자도 던지고, 집에서 당근이나 오이를 챙겨와서 주는 분들도 있어요. 심지어 주변의 낙엽을 모아서 던지는 분도 있죠.

동물원에서는 동물에게 필요한 영양소를 갖춘 먹이를 충분히 제공하고 있어서 관람객이 간식을 줄 필요가 없어요. 오히려 과자나 사람이 먹는 음식은 동물에게 좋지 않아요. 많이 먹으면 배탈이 나기도 하고요.

또 동물들을 나무 막대기로 찔러 보는 행동도 금지예요. 아이들이 그런 행동을 해도 가만히 보고 있는 보호자들도 있는데요. 이런 관람객들의 행동으로 피해를 보는 건 동물들이에요. 동물 생명에 대한 의식이 더 성숙해졌으면 좋겠어요.

사육사의 연봉은 얼마인가요?

QUESTION 06

우리나라의 시, 도마다 한 개의 큰 공공기관 동물원이 있어요. 서울대공원 동물원, 인천대공원 동물원, 청주동물원, 대구 달성공원 동물원 등이 모두 공공기관 동물원이죠. 공공기관 동물원에서 일하는 사육사는 모두 공무원 신분이에요. 급여나 복지는 공무원과 같아요. 공공기관 동물원에서 사육사로 정년퇴직을 한 분 중에 연봉 7,000만 원 이상 받았던 분도 있어요. 이렇게 자세한 액수를 얘기하는 이유는 제가 사육사를 시작할 때만 해도 이 직업은 힘들고, 더러운 일을 하고, 돈도 못 번다는 소리를 많이 들었기 때문이에요. 그래서 다른 보통의 직업들과 수입이 비슷하다는 걸 얘기하고 싶었어요.

기업이나 개인이 하는 동물원도 있는데요. 회사마다 급여와 복지가 다르니 미리 알아보고 지원하는 게 좋겠어요.

아쿠아리스트도 사육사인가요?

QUESTION 07

아쿠아리움에서 근무하는 사람들을 아쿠아리스트라고 하는데요. 아쿠아리움에는 물고기 외에 해양포유류도 있어요. 서울대공원 동물원에도 해양포유류인 돌고래가 있었고, 바다사자, 물범도 있어서 사육사들이 하는 일은 비슷하죠. 그래서 사육사 중에는 동물원의 사육 경력을 살려 아쿠아리움으로 가는 분들도 있어요.

아쿠아리스트는 사육사와 조금 다른 업무 능력이 필요해요. 동물원에서 해양포유류를 담당하는 사육사와 달리 수영을 잘해야 하고, 스킨스쿠버 자격증이 있어야 하죠. 저도 대학교 때 아쿠아리스트를 하고 싶어 준비했던 적이 있어요.

동물원에 있는 동물을 돌보면 사육사, 아쿠아리움에 있는 동물을 돌보면 아쿠아리스트죠~

외국 동물원과 국내 동물원의 차이가 있나요?

QUESTION 08

    사육사가 되고 해외여행을 다닐 때마다 다양한 동물원에 가 봤어요. 조금 멀리 돌아가더라도 유명한 동물원을 꼭 들렀다 오기도 했죠. 그런데 요즘엔 외국의 좋다는 동물원에 가볼 필요를 느끼지 않아요. 그 이유는 우리 동물원과 큰 차이가 있다고 생각하지 않기 때문이에요.

    외국에는 엄청나게 큰 규모를 자랑하는 동물원도 있고 화려한 시설을 갖춘 동물원도 있어요. 하지만 사육사들이 동물을 키우고 관리하는 방법은 큰 차이가 없더라고요. 사람이기 때문에 시설이나 외관에 눈이 먼저 가는 게 당연하지만, 외국 동물원이나 국내 동물원이나 저 동물은 얼마만큼 행복할까 궁금해하면서 관찰하는 마음이 더 중요하지 않을까요?

외국의 사육사와 다른 점이 있다면?

QUESTION 09

대한민국 동물원에서 근무하며 외국의 사육사들과 만나거나 대화를 나눌 기회가 많지는 않은데요. 몇 년 전에 저희 동물원에서 선진 동물원 견학을 위한 글로벌 프로그램을 만들어서 저도 참여할 기회가 있었어요. 독일, 체코, 헝가리 3개국 다섯 개 이상의 동물원을 방문하며 그곳에서 일하고 있는 사육사들과 짧게 대화할 수 있었죠.

해외의 사육사들은 우리나라 사육사들과 무엇이 다를까 항상 궁금했는데, 대화를 해본 결과 사육사들은 다 비슷하다는 결론을 내렸어요. 그들도 우리와 똑같이 동물 이야기에 신나고, 동물을 좋아하고, 즐겁게 일하고 있었어요. 동물을 위해서 노력하는 사육사의 모습은 국가에 상관없이 모두 똑같았죠. 차이점이 있다면 우리나라는 사육사 한 명의 업무 범위가 그들보다 크다는 거예요. 다른 나라의 사육사들은 본인의 업무만 충실하게 했고, 좀 더 여유로워 보였어요.

사육사나 동물원을 잘 표현한 영화를 추천한다면?

　제가 재미있게 봤던 영화는 〈우리는 동물원을 샀다〉(2011)라는 작품이에요. 이 영화가 개봉했을 당시 서울의 한 극장에서 동물원 사육사들을 초청해서 시사회를 했어요. 저도 참석했죠. 영화가 실제 동물원의 분위기를 잘 표현했고, 무엇보다 실화를 바탕으로 한 이야기여서 더 재미있었어요. 〈동물원 사육사〉(2011)라는 영화는 사육사가 돌보는 동물들이 사육사의 연애를 위해 나선다는 코미디 영화로 역시 재미있게 봤어요.

　그리고 프랑스 소설을 영화로 만든 〈당신, 거기 있어줄래요〉(2016)라는 영화도 추천해요. 서울대공원과 아쿠아리움에서 촬영했는데요. 사육사나 동물원이 영화의 주 내용은 아니지만 동물원 배경과 여주인공이 돌고래 조련사라는 설정이 제게 많이 와닿았어요.

동물과 소통하는 노하우요?
'나는 너의 편이야'라는 마음으로 기다려주는 거예요.
최대한 동물의 야생성을 지켜주고
사람이 개입하지 않는 것도 중요해요.

* 이번 시간엔 제가 사육사 생활을 하면서 만나봤던 동물 친구들을 추억하는 시간을 가져볼까 합니다. 많은 동물 친구들을 만나봤지만, 항상 제 마음속에 남아 있는 친구들을 여러분께 소개해 드립니다.

동물원에 처음 입사해서 만났던 친구예요. 이름은 '미호(미운 호랑이)'라고 불렀고, 당시 인공 포육을 하고 있었기 때문에 사람들을 잘 따르고 말썽을 자주 부렸던 귀여운 호랑이 친구였죠. 시간이 지나며 성장 속도가 너무 빨라 이후에는 친하게 지내기가 힘들었어요.

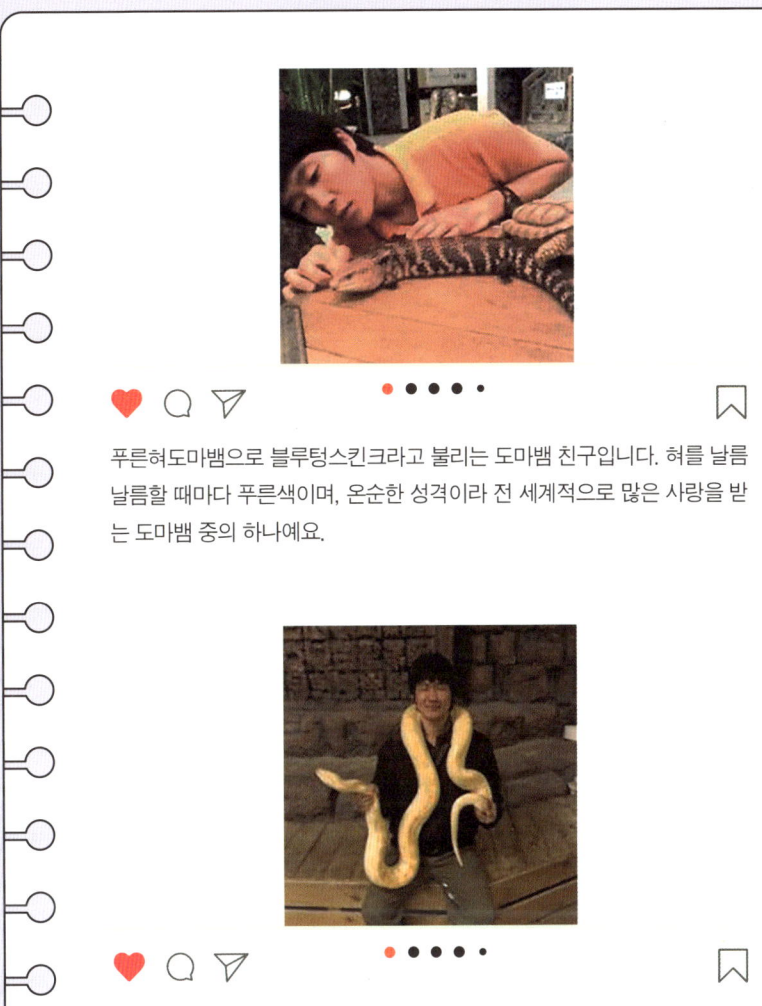

푸른혀도마뱀으로 블루텅스킨크라고 불리는 도마뱀 친구입니다. 혀를 날름날름할 때마다 푸른색이며, 온순한 성격이라 전 세계적으로 많은 사랑을 받는 도마뱀 중의 하나예요.

알비노 비단구렁이입니다. 동물원에서도 보기 힘든 귀한 친구이고, 친해지는데 엄청난 시간과 노력이 필요했을 만큼 처음부터 가까워지기 힘들었죠. 하지만 동물들에 대한 편견을 없애준 고마운 친구예요.

● ● ● ●

바다악어입니다. 다들 장난감이라고 많이 놀렸던 사진이네요. 다른 여러 개체 중에서 가장 순했지만 무서웠던 친구예요. 이름은 당연히 뽀로로 친구 크롱이죠.

● ● ● ●

사육사를 너무 좋아하던 물범 친구들입니다. 짧은 손으로 제 다리를 긁으며 놀아달라던 귀여운 물범 친구들. 지금도 제 책상에는 초심을 잊지 않으려고 이 사진을 액자로 만들어 놓았답니다.

저의 동물원 인생에서 빼놓을 수 없는 친구들이죠. 지금쯤 바다 어느 한가운데서 잘 지내고 있을 남방큰돌고래입니다. 제돌이, 춘삼이, 삼팔이, 복순이, 태산이, 금등이, 대포 오랜만에 불러보는 이름들이네요. 얘들아, 다들 잘 지내고 있지?

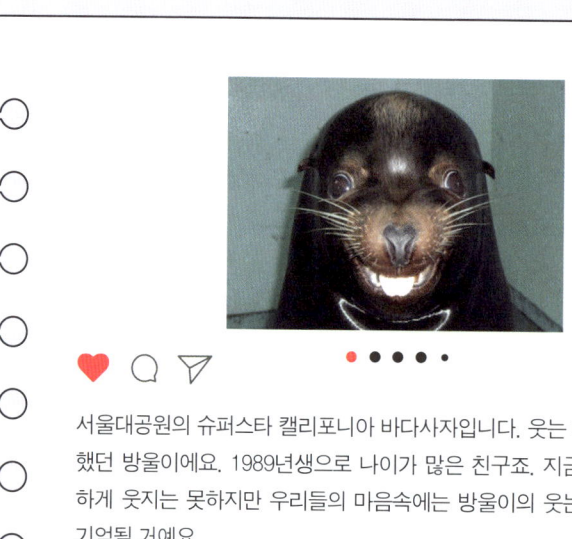

서울대공원의 슈퍼스타 캘리포니아 바다사자입니다. 웃는 바다사자로 유명했던 방울이에요. 1989년생으로 나이가 많은 친구죠. 지금은 사진만큼 환하게 웃지는 못하지만 우리들의 마음속에는 방울이의 웃는 모습이 영원히 기억될 거예요.

방울이하면 함께 기억나는 캘리포니아 바다사자 암컷 친구들 우리와 망고예요. 수컷인 방울이에 비해 덩치는 작지만 생긴 것만큼 더 귀엽고 애교 많은 아이들이랍니다.

짧은 다리로 뒤뚱뒤뚱 걸어 다니던 자카스펭귄이에요. 펭귄 친구들하고는 친해지기가 어려워서 결국 많이 가까워지지 못했답니다. 조금 시끄러운 친구들이지만 그래도 귀여우니까 패스.^^

이게 무슨 사진인가 하겠지만, 태어난 지 5일 된 새끼 두루미와 엄마 사진이에요. 제가 직접 관리하던 두루미가 알을 자연 부화하여 지금도 건강하게 잘 지내고 있답니다. 동물원에서 두루미 자연 부화는 흔한 일은 아닌데요, 저에게는 뜻깊고 귀한 가족사진이죠.

처음 만나본 물범 새끼들입니다. 사진에는 두 마리밖에 없지만, 또 다른 물범 친구가 새끼를 낳아 세 마리가 되어 금, 은, 동으로 이름을 지어준 기억이 있네요. 지금은 살이 많이 쪄서 뒹굴뒹굴 굴러다녀요. 얘들아, 너희도 쪼끄맸던 적이 있었단다.

이건 너무 잘생기게 나온 거 아닌가요? 좋은 사진기로 찍은 큰고니의 사진입니다. 포즈를 잡고 찍은 것도 아닌데 얼짱 각도를 아는 큰고니라고 이야기했었던 기억이 있네요.

새를 키우면서 가장 기대됐던 시간인 밥 먹는 분홍 펠리컨의 모습입니다. 매번 볼 때마다 신기해서 밥 주는 것도 잊어버리고 보고 있었는데요. 저뿐만 아니라 모든 관람객도 함께 감탄을 금치 못했더랬죠. 다들 아는 것처럼 펠리컨 턱주머니에는 많은 양의 물을 담을 수 있어 먹이를 먹을 때 크게 늘어지는 모습을 볼 수 있어요.

블랙스완으로 많이들 알고 있고, 흑고니라고도 불리는 검은고니예요. 다른 고니들과는 다르게 사람을 보면 경계하는 스타일이라 저도 가까이 가려다 날갯짓에 도망간 적이 한두 번이 아니랍니다. 항상 짝지어 다니는 검은고니들의 사랑과 의리에 많이 보고 배웠죠.

발 색깔이 달라 장화를 신고 다닌다고 놀리곤 했던 큰기러기예요. 뒤뚱뒤뚱 장화를 신고 걷는 것 같은 모습에 항상 눈에 띄었던 친구죠. 목소리는 또 어찌나 큰지 목소리만 들어도 누군지 알아맞힐 수 있었답니다.

뒤에 있는 일반 두루미와 생긴 건 비슷하지만 색깔이 많이 다른 재두루미예요. 성격은 까칠하지만, 두루미와는 또 다른 매력을 가지고 있는 친구죠. 마지막까지 결국 친해지지 못해 아쉬움이 남는 재두루미입니다.

두루미야말로 영역이 확실한 친구인데 곁을 내어주면서까지 밥을 먹어줘서 정말 고마웠어요. 시간은 오래 걸렸지만, 이 정도까지 친해졌다는 생각에 기분 좋은 사진이에요.

미안한 기억이 많은 수컷 고라니예요. 예민한 성격이라 가까이 갈 수 없어 친하게 지낼 수가 없었답니다. 생긴 건 참 귀엽게 생겼는데 말이죠. 지금은 다른 동물원으로 가서 잘 지내고 있으니까 걱정 없어요.

장난기 많은 수컷 야쿠사슴입니다. 먹으라고 뒷산에서 구해준 칡넝쿨을 가지고 놀다 머리에 감겨버린 사진이에요. 사슴인데 강아지처럼 사람을 잘 따라서 '개슴이'라고 불렀답니다.

무리 지어 생활하는 바라싱가 암컷 친구들이에요. 항상 고마운 게 예민한 친구들이라 사람이 다가가면 날뛰고 도망 다니는데, 제가 가면 큰 움직임 없이 밥 줄 때도 가만히 있고 청소할 때도 가만히 있는답니다.

제 배경화면의 대부분을 차지하고 있는 수컷 붉은사슴입니다. 사슴들은 칡넝쿨을 주면 다들 뿔에 걸고 싶어 하는지 즐겁게 가지고 노는 모습이 아직도 눈에 선하네요. 올해도 뒷산에 가서 더 많이 구해다 줘야겠어요.

증명사진이라고 찍은 사진인데 너무 귀엽게 나온 거 같아요. 생긴 거만큼 이름도 귀여운 암컷 돼지사슴이랍니다. 누가 지은 이름인지 돼지같이 생긴 건 하나도 없는데, 돼지사슴이라고 불리니까 별로예요.ㅜㅜ

붉은사슴 수컷과 암컷이 긍정 강화 훈련을 하고 있는 사진이에요. 처음에는 덩치 큰 두 사슴 친구들이 무섭게 느껴지기도 했지만, 이제는 눈빛만 봐도 서로 원하는 게 뭔지 아는 정도의 사이가 되었답니다. 가끔 수컷이 장난치려고 할 때 뿔이 위험해서 피해 다녀요.

#1. 내가 사육사라면 근처 동물원이나 아쿠아리움에 방문해서 동물들 방사장에 무엇을 더 꾸며주면 좋을지 생각해 보기 (동물의 특성에 맞춰 꾸며주어야 함)

#2. 집에 키우는 동물이 있다면 동물의 다양한 행동을 끌어내기 위해 해줄 방법을 생각해 보고 실행해 주기 (예: 강아지 터그놀이 장난감 만들어주기, 고양이 공 장난감 만들어주기)

#3. 조만간 동물원에 새로운 동물이 반입될 예정이에요. 내가 사육사라면 어떤 동물이 오면 좋을지, 그 동물을 관리하기 위해 필요한 것들은 무엇인지 자료를 조사하여 정리해 보기 (예: 먹이부터 방사장 환경까지 필요한 모든 것들을 조사해 보기)

#4. 내가 사육사라면 동물들이 싸울 때, 동물들이 아플 때, 동물들이 즐거워할 때 어떻게 할지 생각해 보기

#5. 오늘은 내가 키우고 있는 동물을 옆 방사장으로 이동시키는 날이에요. 어떤 방법으로 동물을 이동시키면 좋을지 생각해 보기 (동물 종 선정 후, 다양한 방법 중 가장 좋은 방법 선택해 보기)

#6. 집에서 키우는 동물이나 집 근처의 동물들, 동물원의 동물들을 일정 기간 관찰하며 평상시 행동 상태나 특이한 행동에 대해 기록하고 관찰해 보기 (행동의 특이사항을 통해 동물의 건강 상태, 행동 패턴 등을 간접적으로 분석 가능)

초등학생의 진로와 직업 탐색을 위한 잡프러포즈 시리즈 30

사육사는 어때?

2024년 12월 10일 | 초판 2쇄

지은이 | 김호진
펴낸이 | 김민영
펴낸곳 | 토크쇼

편집인 | 박성은
표지 디자인 | 이희우
본문 디자인 | 스튜디오제리
마케팅 | 신성종
홍보 | 이예지

출판등록 2016년 7월 21일 제 2023-000173호
주소 | 서울시 마포구 월드컵북로98, 2층 202호
전화 | 070-4200-0327
팩스 | 070-7966-9327
전자우편 | myys327@gmail.com
ISBN | 979-11-92842-48-6 (73190)
정가 | 13,000원

이 책의 저작권은 저자와 출판사에 있습니다.
서면에 의한 저자와 출판사의 허락 없이 책의 전부 또는
일부 내용을 사용할 수 없습니다.